毎日が小さな修行

人生の花を咲かせる12の基本

mainichiga chiisana shugyo

塩沼亮潤

致知出版社

まえがき

今日という一日は人生にとってかけがえのない大切な一日だと思うのです。そして、その日の出会いに感謝して、穏やかに明るく楽しい時間を皆と共有できたならば、素晴らしい一日となり、心が充実することでしょう。

しかし、人間関係とはとても微妙で、また繊細で、ちょっとした言葉のトーンや顔の表情でバランスを崩したり疎遠になったりするものです。私も若い頃は、なぜなんだろう、どうしてなんだろうと思い悩んだりしたものです。

しかし、今となってはなんであんな小さなことでつまずいていたんだろう、もっと上手に心を転換して生きればよかったのにと思うことがたくさんあります。

しかし、誰でもはじめから上手にできる人なんておりません。成長のポイントは、研究心と探究心を長く持ち続けることなのです。その結果、少しずつ見えてくること、わかってくるものがあり、人生の歩き方がだんだんと上手になってくるのです。

そして、いつしか、その人が置かれている環境、またいろいろな出来事、すべてが人生の修行であると思うようになりました。私にそういう考え方を教えてくれたのが、千日回峰行だと思います。

千日回峰行とは、千年以上も前から行じられてきた歴史と伝統のある修行です。一日四十八キロの険しい道を年間約四ヶ月を行の期間と定めて九年の歳月をかけて歩き通す修行です。

私は幼い頃にこの行をテレビで観て知りました。

そのとき、「大人になったら、この修行に挑戦したい」という強い思いを抱きました。なぜそのような思いが心の奥底より湧き上がったのかは、正直言葉では説明できないものだと思います。

ただ、夢に向かって心の赴《おもむ》くままに、日々どんなときでも、どんなことに対しても、全力で歩き続けてきたことだけが記憶に残っています。

行の世界では、いったん修行がはじまれば、途中でやめることは絶対にできません。日々、生と死が隣《とな》り合わせの厳しい大自然の中で、自己を見つめ、至らぬところを反省します。それゆえに日常生活では感じ取れないようなことに感謝をし、涙を流すときもあります。

ときには、九日間もの間、飲まず、食べず、寝ず、横にならないという極限の状態も体験しました。何故このような極端な修行をしなければならないのかと思う人もいるかもしれませんが、私たち修行僧にとって、行とは何なのかというと、人生の大学のようなものなのです。

毎日同じことの繰り返しの修行生活の中で、一つひとつを真剣に取り組んでいると人生のヒントになるようなことが少しずつですが、見えてくるときがあるのです。

たとえば、世の中は自分の思い通りになることばかりではありません。そのような状態になったときに、なんでどうしてと心をふさぎ込んでしまったり、他人を責めたりしたことはないでしょうか。

そして、気づかないうちに、相手を嫌ったり、恨んだり、心が闇の方向に向いてしまった経験はないでしょうか。でも、このような生き方は、実はとても下手な生き方なのです。

私も若い頃、心が闇にとらわれていた時期も当然ありました。ただ、それでも、心のどこかで光ある方向に向いて歩いていこうという意志だけは忘れずにおりました。そして、大峯《おおみね》という厳しい大自然の中で、暑さ、寒さに負けず、辛いこと、苦しいことの中で、体を動かしているうちに、薄皮が剥《は》がれていくように少しずつわかってくるものがありました。

やがて、それをヒントに、どうしても心の闇としか思えなかった存在が、自己の成長のための存在だったんだと悟れるようになり、ある日のこと、ありとあらゆるとらわれから解き放たれ、光輝く世界へと心が導かれるような精神的大転換を迎えることができたのです。

しかし、これはお坊さんになって、特別な修行をしなければできないということではないと私は思います。

人それぞれに与えられた環境と役割の中で、常に光ある真の世界へと向かっていきたいという心がけさえあれば、いつか必ず穏やかな境地に導かれるような体験をすることができると確信しております。

生きていれば、いろいろな感情が湧いてくることがあるでしょうが、いついかなるときでも、自分の心をコントロールできるようになりたいものです。そのためには、人生の歩き方の基本や、ルールを知らなければなりません。しかし、それは決して難しいことではありません。

私の師匠は、「弟子に教えることなどない」と言い切った方でした。

ただ一緒に生活をして日常のことから学びとってもらうしかないということなのです。師匠の立ち方、座り方を見て習い、日常の挨拶や返事一つも疎《おろそ》かにしない、そんな基本が大切だというのです。

たとえば、どんな人に対しても敬意をもち、どんなことにも感謝する心をもち、常に自己を省みて向上心をもつこと。これらはとても簡単で、誰でも知っているようなことです。しかし、一日の中でたったこれだけでも、完璧《かんぺき》に実践しようと思ったならば、とても大変なことかもしれません。簡単なことだからこそ、あまり研究しない、深く研究しないのかもしれません。

とかく現代は人生というものを考えるとき、知識や理論でもってアプローチしてしまう傾向が強いようです。しかし、基本的な実践をすることにより、「より」魅力的な人間味あふれる人となることができますので、「行」「学」この二つの道を極めていただき、生きる幸せを実感していただけましたら幸いです。

平成二十五年十一月

塩沼　亮潤

この本の印税は、子ども食堂などの慈善団体へ全額寄付させていただきます。

毎日が小さな修行＊目次

心を運ぶ

命を輝かす

装　幀——川上成夫
編集協力——柏木孝之

生きるコツ

慈眼寺・春

1

ぼちぼちと根気よく丁寧に

◉──しんどいときこそ一所懸命

二十代の頃、千日回峰行《かいほうぎょう》を行じる中で、人生の歩み方をよく勉強させてもらいました。そのときに学んだ気づきが、今の人生にも多く生かされています。

たとえば、一つの仕事をさせていただくにしても、精一杯やっても、手を抜いても、仕事は仕事です。しかし、どうせやるならば自分の力の限りを尽くして、いい結果を残したいと思います。妥協《だきょう》しようと思ったら、いくらでも妥協できますが、妥協の先に成長も技術の向上もありません。

自分の夢や目標を尽きることない高い高い空の上に設定して、日々反省し、自分を見つめ直して、極限にまで追い込んで一つの仕事を成し遂げれば、自分の力がワンランク上にあがります。「まぁ、いいや」と妥協をしていると、いつになっても成長できません。

毎日四十八キロを歩く千日回峰行にしても、今日という日を大切に、そして少しでも人としての正しい道、真理に近づこうと、一歩一歩しっかり地に足をつけて、目を凝らし、耳を澄まし、何かこの大自然が教えてくれるものはないかと精根尽きる果てまでやれば、たった一日歩くだけでもへとへとになります。

それを日々繰り返して千日歩けば、千個の功徳《くどく》を積むことができるのです。しかし、今日一日、手を抜いてしまえば、次の日は二個の功徳を積まなければなりません。翌日も疎《おろそ》かにしたら、三日目は三つ積まなければならなくなってしまいます。そうなれば、だんだん苦しくなります。

逆に、今日は翌日の分まで功徳を積み上げていこうという意気込みでいると、努力の貯金ができるのでしょうか。どんどん気持ちが前向きになって、辛いことも辛くなくなり、むしろ楽しくなってきます。そして不思議なことにどんなに極限に追い込まれても、前向きな気持ちになれるのです。そういう体験を行の中で何度も繰り返し体験しました。

◉——ぼちぼちといつも同じペースで

どちらかというと、私は山の歩き方が非常に上手だったと思います。皆から歴代の行者の中で一番足が速い行者だといわれました。確かに行が始まった若い頃は、ものすごい勢いで歩いていたと思います。

しかし、年数を重ねるごとに、あることに気がつき、自分は一番足の遅い行者になったと思うようになりました。というのは、こういう体験をしたからです。

毎年、大峯山《おおみねさん》での修行がはじまる前に、山の麓《ふもと》まで車で行って、そこから六キロほど登った山小屋まで歩いて山開きの準備のお手伝いをします。行者はそこでお世話になるので、山小屋のおじさんたちと一緒に登って手伝いをするのです。

そのとき、私はたまたま「大矢のおっちゃん」と呼ばれていた山のお仕事をするおじさんと登ることになりました。大矢のおっちゃんが「亮潤さん、わし、足が遅いさかいに、先に行ってください」というので、私は「そうですか、では先に行きます」といって歩き出しました。

まだ若かったので、山の歩き方もわかりません。力に任せて勢いよく登って途中で休憩《きゅうけい》していると、おっちゃんがぼちぼちと歩いてきました。

するとまた「亮潤さん、先に行ってください。わしは足が遅いさかいに、ぼちぼち行きますわ」というので、私はまた勢いよく進みました。そして途中で休憩しておにぎりを食べていると、また、おっちゃんがぼちぼちと歩いてきました。

結局、山頂に着いてみれば、足が遅いといっていたおっちゃんと、かかった時間はほとんど変わりませんでした。

そこから私は「ぼちぼち」という言葉が好きになって、ぼちぼちと根気よく丁《てい》寧《ねい》に千日を歩くことを心がけました。これをモットーにして、調子のいいときには自重して体力を温存して、その分しんどいときに力を出し切れるよう、淡々《たんたん》と同じペースを守りながらぼちぼちと行じることを心がけました。

体調も崩すこともなく、大きな怪我をすることもなく、四万八千キロという長い道のりを無事行じ終えることができたのは、それが理由だと思います。人生だって毎日がいいことばかりではありません。晴れの日もあれば雨の日もあるように、いろいろと思いがけないことが起こることもあるでしょう。しかしどんなことが起ころうとも、あせらずに、ぼちぼちと目標に向かって前に進んでいると、何か見えてくるものがあります。そんな、一つひとつの積み重ねが人生なのだと思います。

◉――決して妥協せず、自分を追い込む

そういう上手な歩き方ができた理由はもう一つあります。私は奈良のお山に修

行僧として入った頃から、「与えられた仕事は早く丁寧に、そして正確に」ということをモットーとしていました。たくさんの修行僧がいましたが、少しでも早く、そしてより多くのことをしようと心がけておりました。

ときどき先輩に「本堂の前、掃除をしてきなさい」と指示が出たとします。だいたい一時間はかかります。先輩もわかっていますから、「一時間で、やってくるように！」といいます。

最初は慣れませんから、やはり一時間かかりました。でも私は、回を重ねるごとに時間を短縮していき、だいたい半分ぐらいの時間で終わらせるようになりました。自分の中で「何時までに終わらせる」という区切りを決めて、その時間まで精一杯、一心不乱に自分の力を出し切りました。そういう小僧の頃からの積み重ねが千日回峰行に反映されたと思います。

「一時間でやってください」といわれても、一時間を越えてしまう人もいます。

中には一時間半かけてゆっくりとやってくる人もいます。しかし私は、一時間といわれた中から、どれだけ時間を短縮して、相手が喜ぶ質の高い仕事ができるかを考えました。

そして予定より十分でも二十分でも早く帰ってきたら、先輩の許可を得て、短縮できた分を自分の学習の時間に当てることができました。ホラ貝の練習をしたり、勤行《ごんぎょう》の技術を高めることに使ったのです。その結果、勉強もできて技術も高まりました。やる気一つですべてが相乗効果となって、全体がそういう雰囲気になり、自分の置かれている環境も良くなるのです。

ですから、与えられた環境の中でいかに妥協せずに一日を過ごすかだと思います。「妥協できるとしても、我慢して妥協しない」。この徹底的に追い込む考え方と、「ぼちぼち」という考え方、この二つのバランスが今の私をつくっています。それが千日回峰行にも反映されましたし、行を終えてからの一日一日の過ごし方にも良い影響を与えています。

◉――やると決めたら集中して一気に片づける

皆で今、慈眼寺《じげんじ》の庭をつくっています。そのときに、リーダーが「まず一時間やって、それからしばらく休憩して、また一時間。午前中は二時間で仕上げよう。早く終わったら体を休める時間にしよう」というように仕事の段どりを決めてはじめると、皆集中して、非常に効率よく進みます。

どちらにしてもやらなければならない仕事は、明るく、楽しく、そして皆の体に負担がないようにやったほうがいいのです。そういうリーダーの采配《さいはい》によって、やる気や仕事の精度も変わってきます。

今日は午前中に畑で作業をしていて、雨が降り出すまでのほんのわずかな時間に「パッと行きましょう」と収穫を終わらせました。

畑というのは、ご存知の通り、雨が降ったらしばらくは入れません。そして、九月上旬のこの季節になると、晴れても畑の湿気がなかなか抜けなくて耕せなくなります。そうすると、種蒔《ま》きの時期が遅くなり、芽が出る時期も遅くなります。結局、十分に育たないまま冬になって失敗してしまいます。

今日も少し雨が降りはじめましたが、もしかすると畑を耕せるかもしれないと考えて、五分、十分という時間で小さい畝《うね》を耕し、来年の畑の肥料になる窒素《ちっそ》分の多いレンゲソウの種を蒔くことができました。

雨が降り出したから「もうダメだ」というのではなくて、お天気と相談して「ここを攻めたら、これぐらいできるかな」と創意工夫を次から次と考えてみる。こういう攻めの姿勢が後々効いてきて、人としての成長にもつながっていきます。

誰かにお仕えさせていただき、皆さんが喜んでくださったら、自分の心が潤《うるお》います。前向きに考えれば、仕事は非常に楽しくなり、いつの間にか次の日の分まで終わっていたりします。仕事を楽しみ、自分との戦いに克つと、とても有意義な一日になります。このような心構えでいれば、いつか、自然と皆から慕《した》われるようなリーダーとなるでしょう。

私も若い頃、師匠から「君は器用だから何でも出来る。若い頃はそれでもいいが、歳をとったら輿《こし》を担ぐのではなく、輿にのる人間とならなあかん」と教えてもらいました。

それから二十数年経ち、今、リーダーという立場を任されるようになり、どのようなことを心がけているかというと、自分を支えてくれている人たちに働きやすい環境をつくってあげることと、困難なときに自分が最前線に出て全責任をおって問題解決をする、この二つのことです。そう心がけることにより、普段は自分の周りの人たちが、私が働きやすいような環境をちゃんと整えてくれ、最前線で力を発揮してくれているので、とてもいい関係で、幸せな環境に感謝しています。

今日やらなければならないことはその日のうちにやり遂げることです。もしそこで妥協してしまったなら次の日が大変になるということは、誰でもわかっています。日々の努力を惜しまず、コツコツと丁寧に根気よくやるしかありません。朝、仕事がはじまるときに、明日の分までやるつもりでスタートして、何時までにはこの仕事を終わらせるというペース配分をしっかりと立てて、上手に休憩をとりながらやっていると、とても楽しくなり、気がつくと次の日の分までやっているものです。

2　努力の炎を燃やし続ける

◉——行者と行屋

どんなに辛く苦しいことがあっても、努力の炎だけは絶やしてはいけません。

どんな達人といわれる人でも、第一歩を踏み出したときは初心者です。この初心の段階から一歩一歩努力鍛錬《たんれん》を積み重ねて、達人といわれるまでに成長するのです。

その間には、迷い、悩み、苦しむこともあるでしょう。逆に迷わなければ、技術も精神も、成長しません。少しずつ努力を積み重ねていって、初めて成果が表れるのです。

人間はなぜ迷うのでしょうか。それは、自分の思い通りにならないことを思い通りにしたいという我欲にかられ、思い通りにならない不平や不満を人のせいや環境のせいにして、自分を庇《かば》う生き方をするからでしょう。そうやって自分で迷いの世界を彷徨《さまよ》っているだけなのかもしれません。

たとえばお坊さんは、「穏やかで慈《いつく》しみのある心になりますように」ということを一つの目標に修行をはじめます。早起きをし、滝に打たれ、食事をせず、山々を歩く。これは自分が穏やかになるための一つの手段であって、それが出来たからといって、何も偉くなどありません。「自分はこれだけの厳しい修行をした」と行を自慢するような修行僧は行者でなくて、行屋ということになるでしょう。

大切なのは、自分の心をいついかなるときでもコントロールできる自分になること。生きていれば、怒り、憎しみ、悲しみと、さまざまな感情が湧いてきますが、どんなときでも自分の心をコントロールできる状態になることを目標として、頭を剃《そ》って、毎日コツコツと修行を重ねるのです。

◉——真の師弟関係があって真の教育がある

私も修行をはじめて二十五年経ちますが、たった一人で成長したわけではありません。師匠をはじめ、今までご縁のあったすべての人たちのおかげで今の自分があります。とりわけ師匠は、自分にとって親のようなものです。修行の期間は、修行道場にいさせていただき、衣食住すべての面倒を見てくれて、「その代わり立派に成長してほしい」と見守る親心を兼ね備えています。

親子の関係、先生と生徒もそうですが、教え導いてくれる人の存在は非常に大きなものです。私の師匠は他界してしまいましたが、心の中には今でも師匠がいます。本当にありがたいものだと思います。

ただ単に自分の持っている技術や知識を弟子に教える。受け手の弟子側は、それを一方的に教わるという関係だけでは、人間は成長しません。人にはさまざまな心の状態があります。修行僧でも悟りとは「ほど遠い」者もいれば、悟りに「近づきつつある」心の状態にある者もいます。そうした弟子の心の状態に応じて、ときに飴《あめ》と鞭《むち》を使い分けて、その人が伸びていきやすいように教え導く。それには単に教えるだけでなく、師に心から我が子を思うような慈愛に満ちた愛情がなければなりません。

そして弟子も、師匠に尊敬と敬意を払う姿勢をどんなことがあっても崩さない。そこに初めて真の師弟関係が結ばれ、真の教育が成り立ちます。

◉——本物を育てるには辛抱が肝心

慈眼寺では今年もたくさんの野菜をつくりました。千三百個の白菜、三百個のキャベツ、二千本という大根を収穫しました。土に種を植えれば野菜は発芽しますが、しかし、それだけでは立派に成長してくれません。素晴らしい野菜になっ

間引いた大根を手に

てもらうには、折《おり》を見て、水をかけ、土を寄せ肥料をやらなければいけません。

情熱ときっかけがあれば物はつくれますが、それをしっかりしたものに育てていくということはとても大変で、辛抱《しんぼう》が必要です。これは野菜づくりにしても子育てにしても同じです。辛抱の先に見えてくるものがあります。

一つの目標を持って精一杯努力をしても、一ミリずつくらいしか成長しません。そんなときに「もう嫌だ」と努力の炎を消してしまったり、心の中で「なんで私だけこんなしんどい思いをしなければならないのか」と被害者意識にとらわれて人を恨み、また他人を妬《ねた》んだりすれば、その時点で成長は止まってしまいます。

そんな中途半端な自分と決別して穏やかな心の境地に達するには、いいにくいことをしっかりといい切ってくれる、人生の師のような人と出会わなければなりません。そしてその人とのご縁を大切にして細長くよき人間関係を築いていくといいでしょう。

「人生の師を選び、共に成長していく良き友、道連れを選ぶ。そして悪しき者とは交わってはいけない」、と師匠は常々いっていました。

◉――天地の法則に則して生きる

人間が迷うのは自分の思い通りにならないことがあるからです。どうにもならないことをどうにかしたいと思うわがままな心がなくなれば、迷いもなくなります。この真理に気づくと、他人との争いや、問題も少なくなると思います。

この天地の素晴らしい道理に則して生きていくと、良い縁、良い運がどんどん巡ってきます。その良い縁に導かれて精一杯努力の火を燃やし続けて、上手な生き方をすればいいのです。人の目を気にして自分を良く見せようとしたり、自分さえよければ他人はどうでもいいという考えは、とても下手な生き方です。迷いの世界に落ちるような生き方です。

かしこく生きるのではなくて人生を上手に生きる。このコツを掴《つか》んでしまうと、非常に楽しく心軽やかな生き方ができるようになります。

そのポイントは、常に素直で謙虚な心でいること。

そして感謝・反省・敬意の気持ちを持つこと。

そういう姿勢で天地の法則に則して生きていれば、人間関係のトラブルはほとんど回避できます。

もし、トラブルが起こったとき、どちらが良いか悪いかは五分五分です。なぜと思うかもしれませんが、人間は、自分の嫌いな人には優しさを素直に表現できないものです。ほんの一瞬でもイラッとすることをいわれたら、それに寄りかかってムッとしてしまいます。生き方の上手な人は、そういうときに、自分の心をすっと上手に転換して衝突《しょうとつ》を回避《かいひ》します。

カチンとしたその一瞬にイラッとして、逆に相手を責めてしまったら、必ず争いになります。だから人間関係は、ほとんどのケースで五分五分なのです。

ときには、自分が引くこと、自分が下がること、自分の我欲を出さないことで、非常に円満な人間関係が生まれます。そこに、良い縁が巡ってくるのです。

これこそ人生の難行苦行です。しかし上手でも下手でもそれを心がけ、何度も何度も繰り返し乗り越えることによって、素直で謙虚《けんきょ》な心と、感謝・反省・敬意の気持ちを持った人格が「自然と」形成されるのです。すると、「考えられないほど」とても穏やかな世界で生活できるようになります。

たとえば、勢いのある大きな炎でも、初めは小さな炎からはじまります。私たちの人生も同じだと思うのです。それを絶やすことなく燃やし続けるうちに、だんだんと大きな炎になります。さらに燃やし続けると、やがて年老いて炎も弱まり、最後は消えて土に還《かえ》り、多くの若木の肥やしとなります。始まりがあれば終わりがあるというのは、この世の常です。森羅万象《しんらばんしょう》すべてが生じて、盛んになって、そしてまた滅していく。そこには恨みも憎しみも妬みも似合いません。

この炎をわがままという心や我欲という水で消してはいけません。上手に絶やすことなく最後の一息《ひといき》まで美しい炎を保ち続けて行くことが、私たちが生まれ持った定めではないかと思います。そしてこの定めの通りに生きて、若い人たち、これからの世代の人たちのお手本となるような姿を心の中に残してあげることができたならば、とても幸せな人生だと思うのです。

何事も初めから上手にできる人などいません。どんな達人といわれる人でも、何もわからぬ初心者からはじまるのです。やがて達人といわれる域に達するまでにはさまざまな迷い、悩み、苦しみ、そして精神的な重圧に押しつぶされそうになるときもあるでしょう。

しかし、心のどこか片隅で「頑張るぞ」という小さな努力の炎を絶やしてはいけません。たとえどんなに小さな炎であろうと、その気持ちがあればいつか必ず突き抜ける日がきます。

3

野に咲く花のように、そこにある

◉――お天道様とお月様

第三者が自分をどう見ているのかはなかなかわかりません。自分の目は他人に向いていますが、他人が自分から受ける印象がどういうものなのかはわかりにくいものです。一番わかっているようでわかっていないのは自分自身だという昔からの言葉がありますが、確かにその通りです。

人間には、陽気な人もいれば、陰気な人もいます。不思議なもので、「あの人は、ちょっと暗いな」というイメージの人は、誰が見ても、そういう暗いイメージで受けとられてしまいます。逆に、皆が「あの人といると心が明るくなってくる」という人もいます。

周りの人をよく観察していますと、辛く苦しい岐路《きろ》に立たされたときに、陰気な人は、「なぜ、どうして私だけが」とマイナスにとらえていく傾向が強いようです。一方、陽気な人は「仕方がない」と諦めて、そこにとらわれずに夢に向かって前向きに進んでいく傾向が強いようです。

これは、お天道様とお月様の関係にも通じるように思います。お月様は、お天道様の光が当たっていないと、その明かりが地球に届きません。お天道様のように自ら光を発する人もいれば、お月様のように誰かに照らされて輝く人もいるのだと思います。そういう光と影のようなものが人間にもあるようです。

お天道様のような人は、周りに幸せを、笑顔を、明るさを与えようと精一杯努力をしている人です。お月様のような人は、誰かに照らしてもらいたい、優しい言葉をかけてもらいたいと待っている人です。

この与えるほうの人は、お月様のように自分から光を発しない人に対しても、周りが明るくなるような存在になってほしいと思い、いろいろとアドバイスをします。しかし、いくらいいアドバイスをもらっても、それを受けるほうの人が自分で研究心・探究心を持って創意工夫して、自分から明るさを発するように努力して変わっていかなければ、闇の中からは抜け出せません。

◉――ただそこに咲いているという在り方

二千五百年も前にお釈迦《しゃか》様は、与えられるのを待っている人から自分で転換して、明るい方向へ歩んで来ないと幸せにはなれないことをお示しになりました。

たとえば、家族の中に一人でもお天道様のような人がいたら、その家は暗くなりません。ところが、家族全員が求めている人ばかりだったら、「どうして、なんで」とお互いに相手の欠点ばかりを指摘して、喧嘩《けんか》が絶えない険悪な雰囲気になってしまいます。これは会社も同じでしょう。

陰と陽というものがあるのは仕方がないけれども、自分自身は明るく生きていこうと努力をし、心がけていると、周りが「あの人のような明るい人になりたい」と思うようになる。そう思ってもらえるのだとしたならば、とても嬉しいことであり、もっと努力してみようという心も出てきます。

しかし、あまりにも陰気な人にかまいすぎてとらわれていると、自分が疲れてしまって、いつの間にか輝きを失い、暗い闇に落ちてしまいます。ですから、相手にお天道様のようになることを強要するのではなく、自分自身がお天道様のように、ただそこにいて輝き続けることがとても大切です。そうして自然と周りに良い影響を与えるような人でいるのがいいでしょう。

お釈迦様が説いた真理の教えというのは、まさに野に咲く一輪の花の如く、ただそこに咲いているという在り方をしなさいということでした。野に咲く花が「自分がきれいに咲いているのだから、あなたもきれいに咲きなさい」と説法《せっぽう》をしているのではない。その姿を見ることによって、相手が自ら「私もそういうふうな存在になろう」とうなずきとるというのが仏の教えです。

生きていれば日々いろいろなことが起こりますが、すべてプラスに考えて、マイナスもプラスに転じる努力をしていく。自分がどんなに辛くても、自分に縁のあった環境の中で何事にもとらわれず、自然体で輝き続ける努力をしていくと、自分も周りも自然と幸せになっていきます。

野に咲く一輪の花はどんなに厳しい環境の中でも見る人の心を和ませてくれます。それに対して、私は周りの人たちにとってどんな存在なのだろうと、あらためて自分自身を省みました。

縁を生かす

慈眼寺・夏

4　良き師との出会いが良き人生をつくる

◉——良い人生には良き師が必要

今、自分がこのように在るのは、まず私を生んでそして育ててくれた親がいて、そして修行の道を導いてくださった師匠のおかげだと心から感謝しております。

子供の頃に育ててくれた母は、礼儀や挨拶《あいさつ》はもちろんのこと、他人に対する思いやりなど、細かなことでも行き届いていないところがあると、厳しく私を教育してくれました。「どうして自分の家はこんなに窮屈《きゅうくつ》なのかな」と子供の頃は思ったものです。

しかし、社会に出ると、あのときの母の厳しい教育があったからこそ今の自分があるのだと気づくようになり、厳しさをありがたさとして受け取ることができるようになりました。

特に親に口答えをしない。好き嫌いをしない。約束を守って嘘《うそ》をつかない。この三つに関しては、母はとくに厳しかったように思います。この家庭教育の土台があったから、お寺に入門し、師匠の下で道を導いていただくときに、しっかり筋道を正し、素直に修行を積むことができました。

師匠はとても厳しく、よく叱られたものでした。小僧の頃は、「なぜお師匠さんは自分だけに厳しいんだろう」と何度も思ったこともありました。しかし、年を重ね、経験を重ねていくうちに、ある時、師匠が「わしは、道を求めて、見込みのある者しか厳しくせん」といわれ、初めて師匠の気持ちがわかるようになりました。

晩年はお茶飲み話をしながら、非常に含蓄《がんちく》のある言葉をたくさんうかがいました。師匠は本当に深いところまで悟られていたのだなぁと、そこで聞いた言葉を後から思い出して、時折《ときおり》はっとするときがあります。師匠は私を非常に奥深い世界へ導き、諭してくださったのだとあらためて気づきます。

師匠は常々、「良き人生を歩むには、良き師匠を得なければならない」とおっしゃっていました。良き師とめぐり合うためには、日常、善き心がまえで生活しておかなければなりません。そして、「一度縁のあった師匠には何があっても最後までついていかなければならないのだ」と。

というのは、師匠が「自分とは合わない、何をやっても否定ばかりされる」という自己を中心とした理由で師弟関係を大切にしないとしたら、それは仏さまからいただいたご縁を大事にしないことになるからです。師匠の先には、また師匠があって、ずっとさかのぼっていくと、お釈迦《しゃか》さまにたどり着きます。縁があった師匠の教えをないがしろにして、釈尊《しゃくそん》の教えを感得することはできません。

◉——しっかりした心のアンテナを育てる

良き師匠に出会うには、日常の徳を積むことが大切です。自分が前世から積んでいた功徳、あるいは先祖が積んでくださった功徳もあるでしょう。日常、善き心がまえをもち、善なる行をしていると、必ず良き師と出会える。師匠はそういわれました。ある意味、自分の人生は、自分の心によって、そして行いによって大きく変わるものです。すべて徳の問題になるわけです。

師匠と真剣に見つめ合って、お互いの人格をぶつけ合ってなされる教育は、非常に窮屈なものです。ときには、弟子を鍛えるために、師匠はわざと無理難題をいったり、辻褄《つじつま》の合わないこともいいます。

それでも、私がどんなことがあっても師匠について行くことができたのは、幼少期に母が教えてくれた「親に口答えしない」という土台があったからです。その土台は、やがて目上の人、年長者に対してどんなときでも敬意をもって接するということにつながりました。

また、「好き嫌いをしない」という教えは、どんな仕事でも好き嫌いなく精一杯させていただくという心に結びついています。「約束を守って嘘をつかない」

という教えは、自分自身をよく見せたいがために、自分の都合よく話をつくらないという心に結びついて信頼を得ています。

これは、幼少期においてのごく普通のあたり前の教育ですが、これは社会人として、この三つの教えは基本中の基本になります。

このような精神性を親から受け継いで育ってきた修行僧は、放っておいても伸びていきます。また道場の修行の期間が終わって世の中に出ても、日常生活こそが人生の修行であり、そこにたくさんの真理があると気がつきます。


成長の根底に、いかにしっかりした心のアンテナがあるかどうかです。「どんな愚鈍《ぐどん》な者でも、十二年間同じことを続けていれば、必ず何か一つは悟るものだ」と最澄《さいちょう》さまはいわれました。何があっても歯を食いしばり、同じことを同じようにさせていただくことは、行の基本です。

そればかりでなく、生き方の基本でもあります。自分の感情を顔や態度に簡単に出すようでは、いつまで経っても大切なことに気づけません。

しかし、同じことを繰り返していると、人間には慣れが出てきます。これは仕方のないことですが、そのときでも、決して情熱だけは失ってはなりません。

まず飽きやすい性格の方はそこから直していただかなければなりません。一回食らいついたならば、どんなことがあっても自分のものにするという信念がなければ、道場でも伸びませんし、人生でも同じことです。

◉——日々のことを精一杯

「なぜ、千日回峰行をしたのですか」と、時折聞かれます。自分を見つめたいとか、深く掘り下げたいとか、自分と対峙《たいじ》して心を高めたいとか、そんなお話をすることが多いのですが、それは、あくまで後付でわかったことです。ただ小さい頃、「世界中の人が皆心が明るくなって、仲良くなったらいいのになぁ」と純粋に思っていたからだと思います。

世の中、誰でも世界が平和になったらいいのにと願わない人はいません。しかし、それを公《おおやけ》にしていくのではなく、当たり前の日常において出会った人とのご縁を大切にし、慈しみの心をもって与えられた環境に従事して生き切ることが何よりも尊いことだと、今は思います。それがお互いに響き渡って、やがて、広く世の中に伝播《でんぱ》していくのではないかと思うのです。

世界平和の看板を掲げている人が、意見の違う人といがみ合ったり、〝切った張った〟のけんかをしていたのでは、平和からどんどん遠のくばかりです。それよりも、誰が見ていても見てなくても、出会った人を大切に思いやり、自分に与えられた仕事を精一杯やって、今日一日を生き切る人こそ本物だと思います。

世のため人のため、そして、このお寺のためにも千日回峰行をさせていただくのだといっていた若く血気盛んな私に、ある日師匠はこうおっしゃいました。

心を込めて護摩を焚く

「行とは、世のため人のため、寺の発展のためにするものではない」

すれ違いざまにかけられた言葉の真意が、そのときの私にはよくわかりませんでした。世のため人のため、寺の発展のために歩くことがどうしていけないのだろうと、ずいぶん自問自答しました。

それでも淡々と日々《にちにち》のことを精一杯させていただいているうちに見えてくるものがありました。

なるほど、世のため人のため、

こんなことをお坊さんは口に出していってはいけないのだ。そういう思いは内に秘めて、日常をしっかり生き切るのみだ。それが結果として世のため人のためにつながっているのだ、と気づきました。

◉――積んだ徳はいつか必ず花開く

トマトの苗木《なえぎ》に肥料をやって、水を撒《ま》いていくと、一本のツルからたくさんの脇芽《わきめ》が出てきます。この脇芽を摘まなければ、おいしいトマトはできません。人間も同じです。成長段階で出てくる気まま、わがままな心、自分を中心とした欲、所謂《いわゆる》心の脇芽を大人の人たちが摘みとってあげなければ、一人前の大人に成長できません。

人は生まれてくるときにも、いろいろな人のお世話になって、一人前になるためにも、いろいろな人のお世話になって、そして最後、旅立つときにも、いろいろな人の手を借ります。振り返ってみれば、すべてが「すみません」「お世話になります」という一言からはじまることばかりです。

自分の親に、師匠に、「気まま、わがままな私に付き合って、ここまでしてくれて本当にすみませんでした」という気持ちがあります。私も、若い頃は血気盛んな頃もあったでしょう。自分が正しくありたいとそれが正義と、感情だけが先行して周りの人に迷惑をかけたこともあったでしょう。しかし、そんな心の脇芽をうまく摘みとってくれた、今までご縁のあったすべての人に心から「すみませんでした」という気持ちでいっぱいです。

「すみません」という常に自己を省みる気持ちがあると自然に「ありがとうございます」という感謝の言葉が出てきます。人から蔑《さげす》まれ、嫌なことをされても、笑顔で「ありがとうございます」といえる心が和を生み功徳をつくります。縁も、運も、自分の心から発するものです。良き人と出会う、良き仕事と出会う、良き縁に恵まれるものも、すべて陰ながらの功徳によるものです。

積んだ功徳は消えることがありません。もしそれが自分に回ってこなくても、子孫が恩恵を受けたり、来世で花が咲いたり……。もしも今、自分が恵まれているとすれば、それは自分がこの世で積んだ功徳のせいだけではなくて、先祖が積んだ功徳、前世の自分の功徳がたまたま花開いたのかもしれません。

今、努力したからといって一週間後、一か月後に結果が出るわけではありません。しかし、いくら功徳を積んでも花が咲かないと思ったら、生まれ変わったときに花が咲くのだと、長いスパンで考えてみてはどうでしょうか。そうすれば、今日一日、どんなことがあっても嫌な顔をせずに過ごすことができるのではないでしょうか。

功徳というものは、積んで、積んで、積んで、自然に花開くものです。だから、日々、小さな功徳を積むことが大切です。私も怠《おこた》ることなく、日々、自分にいいきかせながら、一日を歩んでいきたいと思います。

人は生まれてくるときにも、いろいろな人のお世話になって、一人前になるためにも、いろいろな人のお世話になって、そして最後、旅立つときにも、いろいろな人の手を借ります。振り返ってみれば、すべてが「すみません」「お世話になります」という一言からはじまることばかりです。

秋の恵みの栗を飾る

5　子供の躾は親の第一の仕事

◉――信仰とは自分の心が決めること

私の心にある信仰観は、一日の生活の中で善いことをして悪いことをしない。朝起きると「今日も一日よろしくお願いします」と手を合わせ、夜寝る前に「今日も一日ありがとうございました」と心で祈る。これだけでも立派な信仰だと、私は思っています。

信仰と宗教とは違うものと、私の心の中で分けて考えています。とかく現代は宗教というと、さまざまな決まり事に束縛《そくばく》されてしまう傾向がありますが、信仰は自分の心でするもの、たった一人でもできるもの。信仰は、物でもなければ、形でもない、お金でもない。お金をたくさん寄付したから神仏から優遇《ゆうぐう》されるわけではありません。

人としての生き方を教えてくれた母と

私がこのような信仰観を持ったのは、古きよき日本の考え方が残った家系に生まれたからかもしれません。

祖父もまるで幕末の人間かと思うくらい厳格《げんかく》でしかも人間味あふれる人でした。祖母や母も信心深く、思いやりのある人で深い世界で本質的なものを心得ている人でした。

また学生の頃、母は私に勉強を強要しませんでした。自分の人生だから自分で決めなさいと、自立と他人との協調を常々教育してくれました。

高校のとき、学年で二番の成績をとり、通信簿と賞状を母に見せると、「それがどうしたの。母ちゃんは、点取り虫は嫌いなんだ。学校の勉強よりも、もっと大事なものがある。それは人生の勉強なんだ」といって、通信簿も見てくれないし、成績優秀者の表彰式にも来てくれませんでした。

母の信念は、家庭での教育は親が責任を持ってやるけれど、学校での教育は学校の先生にお任せしたいというものでした。だから、小学校一年生の入学式以来、学校の行事には一回もきませんでした。また病気がちなこともあり家庭訪問も「母ちゃんは具合が悪いからと先生にお断りしてね」という感じで徹底していました。

そんな母でしたが、人として何が大切かということは背中で教えてくれました。

私の物事の考え方、とらえ方が間違っていて、少しでも人を傷つけたり悲しませたりするような真似《まね》をしたら、こっぴどく叱《しか》られました。当時はとても窮屈《きゅうくつ》と感じたこともありましたが、そういう筋の通った信念と価値観の積み重ねが、私の基礎になっています。そして、今となっては、よくここまで教育してくれたと感謝しました。すると母が「いや、ちゃんとついてきたほうも偉いんだ」といってくれます。

◉──人間の基本を教えるのは親の務め

今でも母には境内《けいだい》の草抜きをしてもらったり、皆のご飯の用意をしてもらったりしています。いつまでも迷惑をかけているなと思い、「何歳になっても迷惑ばかりかけるね」というと、母はにこっと笑って「親というのはこういうものなんだ」と一言申しました。私は心が震える思いで、しばらく何もいえませんでした。

「父の恩は山より高く、母の恩は海よりも深し」といいますが、若い頃は社会に出てから人様に迷惑をかけない立派な大人になるようにと、厳しく躾《しつ》けてくれました。私が少しでも人様のお役に立てるようになってからは裏方に回って助けてくれています。

「親というのはこういうものなんだ」という言葉の響きには、人生の経験の分だけ、しっかり生きてきた分だけの重みがありました。

子供はただかわいいだけで育てるのではなく、社会に出たときに立派に人様のお役に立てる人間になるよう、ときとして厳しく教育し、正しく生きる道を親が後ろ姿で示していくべきです。

人間としての基本的な教育は、学校や会社に任せてはいけません。親がしっかりと社会に出るまでに躾けるべきです。お父さん、お母さんは、非常に重要な役目を背負っています。

朝起きると「今日も一日よろしくお願いします」と手を合わせ、善いことをして悪いことをせず夜寝る前に「今日も一日ありがとうございました」と心で祈る。これだけでも立派な信仰だと、私は思っています。

6

背中で語り、背中に学ぶ

◉――後ろ姿を見て学びとる

私は、気遣いのできる子供たちがたくさん育ってほしいと願っています。心のこもった気遣いができる人は、単に自分の思いを相手に押し付けるのではなくて、その人が何をしようとしているのか、自分に何を望んでいるのかを、聞かなくても感じとって、さりげなく表現できます。これが気遣いの極意だと思います。

私は、小さい頃からそういう面を親から徹底的に教育されましたので、この点では師匠から叱られることはありませんでした。

私の師匠があるラジオ番組で語っていた、今でも忘れられない言葉があります。「師匠というものは、弟子に教えることは一つもないんです」とおっしゃったのです。その言葉を聞いたときは非常に驚きましたし、意味もよくわかりませんでした。

あれから十数年経って、ようやく「なるほど、こういうことなんだな」とわかりはじめました。要するに、後ろ姿で教える、そして同じ道場で生活をして日常から学びとってもらうしかない、ということをいわれたのです。

師匠は、学問においても修行においても、達人のようなお方でした。しかし、それは悟りに向かう一つの方便にすぎません。別の言葉でいうと〝道しるべ〟です。その道しるべをたどって私たちも師匠と同じ境地にたどり着くわけですが、悟りの世界はとても難し過ぎて、言葉や文字では表現できない世界なのです。


たとえば、一流の料理人が弟子に言葉だけで料理を教えて、すぐにその弟子が一人前の店を構えることができるかといえば無理でしょう。自分も一流になるには、何年となく師匠の後ろ姿を見て、日常のことの中から心のアンテナを張りめぐらせ自分で手探《てさぐ》りの中で感じとってこなければならないことがたくさんあります。

そこに至るまでは本当に大変です。人間ですから、体調が良い日もあれば悪い日もあります。うまくいくときもあれば、とんでもない結果やとんでもないトラブルに巻き込まれることもあるでしょう。そういういくつもの困難を乗り越えていかなければなりません。

また、人間ですから間違いもあります。すると師匠からこっぴどく叱られます。そんなとき、二度と同じ間違いをしないと心から反省することが大切なのです。そこで「自分だって頑張っているのに」と、師匠に対して反発心を持ったり、あるいは恨みや憎しみの心が生じたとしたら、人生はとんでもない方向に進んでしまいます。

否定されることに耳をふさいで、「もう、これ以上はいわないで」と心のシャッターを閉めてしまえば、そこで成長は止まってしまいます。

◉――いただいたご縁を大切に

学びの環境の中には、師匠以外にも先輩や後輩もいます。自分より努力をしている人、怠け心に負けている人、さまざまな人がいます。その中で、どんな相手からも謙虚に学びとる心を持つ。それが大切です。自分より優れている人を妬《ねた》んだり、劣《おと》っている人を鼻で笑うようではいけません。どちらも大切にしなければならないというのが正しい答えです。

自分よりも劣っている人を見たら、そこから何か一つ学びとってくる心がなければなりません。そして、自分より素晴らしい人を見たら、自分はここまで至っていなかったと反省をしなければなりません。どんな相手にも自分を謙虚に重ね合わせて、よく反省をし、よく学ぶ。その先に自己の大きな成長があります。

人間は誰でも自分がかわいいので、皆から大切にしてもらいたいと思うものです。自分自身を大切にしてもらいたかったならば、まず相手を気遣うことです。さりげない思いやり、気遣いというものができると、運も縁もどんどん良い方向に広がっていきます。

出会いは一期一会であっても、すべてがご縁です。縁ある人とは、同じ電車に乗り合わせたようなものです。その中で、たとえば自分が疲れていたり、感情が落ち着かないときでも、自分の我ばかりを通すのではなく、相手に対しては変わらず揺るがない思いやりの心で接することが本当の気遣いです。

自分の我が出そうなときこそ、冷静に自分自身を見つめコントロールする努力が必要です。ある意味客観視できる自分がいないと、「自分は大丈夫だと思った」「自分は頑張っているつもりだった」というような見苦しい言い訳をして、自分を庇《かば》うようになります。常に自分で自分の心を安定させ感情的にならない心づくりをしていかなくてはいけません。

◉——見習いと聞き習い

誰しも正しく生きていかなければならないことはわかっています。ただ、今の時代は情報が多すぎるように思います。本屋さんに行けば、一生かかっても読み切れないほどたくさんの本があります。すべて向上心のちりばめられた本ばかりです。しかし、それらを読んで知識ばかり頭に詰め込んで、あたかもできるつもりになっていないでしょうか。

昔の親は、大した情報を持っていなくても、口数が少なくても、子供が尊敬するような部分があったように思います。親の背中が無言で教えてくれていました。子供にとっては窮屈《きゅうくつ》だったかもしれませんが、教育とは本来、窮屈なものです。自由奔放《じゆうほんぽう》に育てていては脇芽が増えるだけです。

昔の子供たちは、そんな窮屈な中で、手探りで生きる道を考えていきました。

そういう環境がありました。ところが、今は聞き習いです。聞いて自分が納得しないと動かない人が多いようです。

私たちの修行時代は見て習う、見習いでした。そのときは意味がわからなくても納得できなくても、指摘を受けたら「すいません」と反省して、師匠や先輩のやっている通りに見て、自分でやってみるうちに、だんだんとできるようになりました。これが、見習いの極意《ごくい》です。

そのときはわからなくてもいい。手探り状態でもいい。ただ人を恨まず、憎まず、常に素直に自己を省みる反省の心と、どんなささいなことからも学ぼうとする学びの心があれば、いつか必ず真理が掴めます。

これがお坊さんになって二十五年経った、今の私の学びです。

人間ですから間違いもあります。すると師匠からこっぴどく叱られます。そんなとき、二度と同じ間違いをしないと心から反省することが大切なのです。そこで「自分だって頑張っているのに」と、師匠に対して反発心を持ったり、あるいは恨みや憎しみの心が生じたとしたら、人生はとんでもない方向に進んでしまいます。

否定されることに耳をふさいで、「もう、これ以上はいわないで」と心のシャッターを閉めてしまえば、そこで成長は止まってしまいます。

心を運ぶ

慈眼寺・秋

7

薫りが移るように導いていく

◉——自分の器を大きくする

一所懸命頑張っても、人の器というのはほんの少しずつしか成長しないものです。それでも精一杯やって少しでも成長すれば、皆から褒《ほ》めてもらえます。

自分の器は自分が一番よくわかっています。しかし、よくわかっているようでわかっていないのも自分自身です。とかく私たちは、自己を過大評価しがちなところがあるようです。

鏡やビデオに映った自分の姿を見て、「自分ってこうなの？」と恥ずかしくなった経験はないでしょうか？

客観的に見ると、自分の内面が、言動が、よく見えてきます。立ったり座ったりする姿とか、話をする姿、お茶を飲む姿など、自分が思っている以上に反省するところがたくさんあるのに気づきます。

この気づいた欠点を直していくのはとても大変で、とても面倒臭い作業です。しかし、どんなに面倒臭くても「善いことをして悪いことをしない」という一つの人生の真理に到る道しるべを掴みとったならば、絶対に手放してはいけません。人生とは常に悪しき心との睨《にら》めっこです。

心が高まってくると、とくに意識をしなくても、自然と自分の言動が理に適《かな》ってきます。なぜかというと悪いことをした後にやってくるしっぺ返しの怖さがわかるからです。

しかし、そうなるまでは暗中模索《あんちゅうもさく》の状態で、この先がどうなっているのかもわかりません。わからないまま、次から次へとプレッシャーやストレスがやってきます。生き方が下手なうちは、苦しみの矛先を他人に向けて、自分の心をさらなる暗い闇の中へ落とし、悪循環を引き起こします。

そういう繰り返しの先に「なるほど」とわかってくるものがあります。そこで心を転換することで、とらわれのない、良い人生になっていくのです。

人生、良いことも悪いことも半分半分です。悪いことがあってもパッと切り替えて、光が射すほうに転換できるようになると、器が大きくなり、太陽のように他人に明るさと良い影響を与えられるようになります。

◉――良いことをして悪いことをしない

そういう器の大きい人格の整った両親のもとに育つ子供は、自然と親の姿に敬意を持ちます。何もいわなくても真っ直ぐに育っていきます。これが後ろ姿で子供を教え導くということなのでしょう。

子供は元来わがままですから、口先だけで制しようとすると「自分のことは棚に上げて」といわれてしまいます。親子関係だけでなく、師弟関係も、上司部下の関係も同じです。

ですから、何をいわずともその人の背中を見ることによって、皆がそれに「薫《くん》習《じゅう》」されていくことが望ましいのです。

薫習とは、お香が衣などにその薫《かお》りを自然に移していつまでも残ることです。それと同じように、自らの行為が相手の心に習慣となって残っていくのです。お坊さんは、体からお香の薫りがするようになって初めて一人前といわれます。


人生の原点は、慈しみの心をもち善い行いをすることです。ものすごくシンプルで、簡単で、当たり前のことですが、心の中でそう思っても、頭の中で考えても、それだけでは何もなりません。ただただ繰り返し心がけることが大切です。そうすると、自然にその人がとても良い雰囲気の人間になってきます。いろいろな知識を詰め込んでも、人間的に魅力がないと、人を魅了することはできません。

心は人間の体をまとっていますから、悪いことを考えても、見た目にはわかりません。しかし、悪い心を持っていると、それが体を薫習するようになり、なんとなく雰囲気の悪い人間になっていきます。皆さんも「あの人といると、どうもマイナスな考えになってしまう」「気持ちが暗くなってしまう」というような経験をしたことはないでしょうか。

◉——恥を知るから成長できる

では、そういう自分は相手からどういう評価を受けているのか。そう考えると、努力の種は尽きることがありません。

私は三か月とか半年と間を空けて会った人から「雰囲気が変わりましたね」といわれると、神様や仏様がその人の口を借りてほめてくださっているのだと、嬉しくなります。

どんな仕事でも、どんな相手でも、一つたりとも気を抜かずに、日々、感謝と反省と敬意を繰り返していると、やがて光が見えてきます。すると、どんどん心が潤《うるお》って楽しくなってきます。以前の自分がどれだけ小さなことで悩み、愚痴《ぐち》をいっていたかと気づきます。「なんで私だけ」と考えていたちっぽけな自分が恥ずかしくなります。

恥を知るには、誰かから指摘してもらわないとわかりません。「恥」という字は耳に心と書きます。恥とは心で聞くということなのではないかと勝手に解釈しています。

まず自分自身を知る。そして恥を知って、今よりももう一段上へと、命ある限り努力をしてみようと思う心が大事です。歯を食いしばって努力をし続ける先に、一ミリとか〇・五ミリの小さな変化があります。そうやって、自分の器が少しずつ大きくなっていきます。

今日そう思ったからといって急に大きくなるわけではありません。日々小さな努力を続けているうちに、振り返ってみると、気がつかないうちに大きな成長をしている自分に他人が評価をしてくれるものです。

人生、良いことも悪いことも半分半分です。悪いことがあってもパッと切り替えて、光が射すほうに転換できるようになると、器が大きくなり、太陽のように人に明るさと良い影響を与えられるようになります。

8 上手に生きるためのルールを教える

上手でも下手でも精一杯勤めさせていただくことが大事です。達人といわれる人でも、初めて体験することは、その第一歩からからはじまっていきます。一歩一歩を積み重ねることによって、やがて達人といわれるような境地に達していくのです。

◉——自分が尊重されたければ目の前の人を尊重する

私がお坊さんになった二十五年前の話です。得度式《とくどしき》のとき、師匠は弟子になるすべての者の頭にカミソリを当てました。そして、仏縁《ぶつえん》があって仏の弟子となり日常の修行を積んでいく弟子たちに、「自分が人から尊重されたかったならば、まず初めに目の前の人を尊重することである」という話をされました。それ以来、何百回、同じ話を聞いたかわかりません。

この「まず初めにどんな人をも尊重する」ということで、思い出に残る話があります。

修行生活がはじまって何年かした頃、お寺が忙しいときに手伝いに来る中井のおじさんという人と出会い、親交を深めていきました。その方は本山の信徒で、本山が忙しくなると、わざわざ伊勢のほうからお寺まで手伝いにきてくれるのです。聞いたところによると、昔は非常に気性が激しかったそうですが、父親の病気を機に、信仰の世界を大事にするようになったということでした。

中井のおじさんは在家《ざいけ》信者ですから、自分の仕事をしながら仏道修行に勤めていました。当時、七十くらいだったでしょうか。何でもできて、忍耐強くて、とても格好のいい、いぶし銀のようなおじさんでした。

中井のおじさんは、私のことを非常にかわいがってくれて、「亮潤君、亮潤君」と呼び、私も「中井のおっちゃん」と慕《した》って、一緒に楽しく仕事をしました。

本山側の要請で手伝いに来るのに、おじさんは謝礼も電車賃も受け取りませんでした。「自分は本山に来るんではなくて、本尊さんのために手伝いに来るだけだから、一切、物は受け取らない」といって、そのスタイルを貫き通していました。

◉――いかなる立場であっても謝るべきことは謝る

あるとき、ちょっとしたことから、トラブルが起きました。師匠の弟さんが修行僧の失敗をかばった中井のおじさんに対して、心情を害するようなとんでもない言葉を投げかけたのです。弟さんも人間ですから、忙しくてイライラしていたのかもしれませんが、中井のおじさんのほうが年長者です。

そのとき、中井のおじさんは何もいわず、手にしていたものをそこに置いて、荷物一式をまとめて伊勢に帰ってしまいました。

私たち修行僧の仲間は、何があったのか皆知っていました。しかし、師匠の弟さんはお寺では結構な立場の方でしたから、師匠から「最近、中井さん来《き》いへんな」といわれても、誰も何もいいませんでした。

ある日、私は師匠に呼ばれました。「最近、中井さんが来いへんけども、理由、知っておるか」と師匠は私に聞きました。

私が「理由は知っております。しかし、私の口からは申し上げることはできません」と答えると、「わしは当事者には何もいわんし。君が一番親しいんだから、何か知っていたら話してくれ」といいました。

師匠にそういわれ、私はすべてありのままに話しました。そして、中井のおじさんが「本山の事務所には二度と足を向けない。本尊さんに対する気持ちは何も変わらないので、たまにお参りには来るけれど、手伝いには二度と来ない」といって帰られましたと伝えました。

すると師匠は「よし、わかった。よくいってくれた。ありがとう」といい、「当事者には何もいわない」といっていたにもかかわらず、すぐに弟さんを呼んで説教をされました。

その方とは毎日顔を合わせますし、昼と夜のご飯も一緒に食べますから、身が縮《ちぢ》こまるような思いでした。でも、弟さんは私を絶対に責めませんでした。また、今となれば私も師匠と同じことをするだろうと思います。

原因がわかって、翌日、師匠はすぐに私を連れて中井のおじさんの家に行き、両手をついて「寺の者が失礼をして申し訳なかったですなぁ」と謝罪をしました。中井のおじさんはびっくりしていましたが、一緒について行った私も驚きました。一宗派の管長《かんちょう》という立場のお方が、宗門の信徒に対して誠を尽くしている。その姿は非常に衝撃的で、今でも鮮明《せんめい》に覚えています。

師匠は得度式のときにお話しになったことを身をもって体現し、教えてくださったのだと思いました。普通ならば、あり得ない話です。しかし、いかなる立場であれ、謝るべきところは謝らなければならないということを、頭を下げる師匠の背中から学びました。

◉――褒めて育てる時代の落とし穴

今の時代は、褒めて育てるという風潮があるせいか、自分の気に食わないことをいわれると、すぐにむっとした気持ちを表情に出してしまう人が多くなりました。人から注意をされたり指摘をされたりする機会がないままに育ってきたのでしょう。

誰でも、人から欠点や過ちを指摘されるのは嫌なものです。私も自分の足りなさを指摘されたならば、心がえぐられるくらい、つらい気持ちになります。でも、とくに戦前の教育を受けた人は、親や祖父母から、指摘されて嫌だなと思っても、自分の足りなさを心底から反省をするようにと教えられて育ちました。それが社会のルールでもありました。

しかし、その後は褒めて育てるという時代が長く続いた結果、今では何か嫌なことがあると、反省をする前に、むっとしてしまうようになってしまいました。その結果、叱られると反発し、争いになってしまうことが多くなり、社会がぎすぎすしてきました。

これは単に個々の問題では終わりません。大きく発展していくと戦争の原因にもなっていきます。

人間ですから、いろんな主義・主張はあるでしょう。すべての人が同じ考えというものでもありません。お寺もそうです。しかし、強い我がある限り、穏やかな心にはなれません。

◉——世の中の基本的なルールを身につける

お寺では師匠から悪いところを叱られ続けます。弟子から恨まれないような師匠は失格だといわれるくらい、師匠は弟子を厳しく叱ります。全人格をぶつけ合って、悪いところを指摘して、師匠が軌道修正をしてくださるわけです。

そうやって十年、十五年、二十年と経ち、ようやく我がとれて丸くなると、もう師匠は何もいいません。

これは親子の間柄も同じかもしれません。小さい頃、私は母親から「こういうことはしてはいけない」「これはきちんとしなければいけない」と、厳しく躾けられました。なぜここまでいわれなければならないのかと思ったときもありました。

そのことを大人になってから母に聞くと、自分も親から同じように育てられた。自分も「なんで？」と思ったときもあったけれど、年をとってくると、それが正しかったとわかってきたといいました。子をもって知る親の心といいますが、後々、あの厳しさは心から自分を案じる愛情だったんだということがわかります。

そういう世の中の基本的なルールというものが昔はありました。師匠が弟子を叱っても道場が空中分解しないのは、このルールがあるからです。

何か指摘されたときには、そこで大反省をする。胸をえぐられるような痛みを伴《ともな》うかもしれません。しかし、その瞬間に、恥ずかしいことをした、申し訳ないことをしたと感じとれるようなルールがあるから師弟関係は続くのです。

このルールを小さな頃にしっかり教えると、いくら厳しく叱っても親子関係は壊れません。

◉――一瞬を永遠と思う

私たちが、なぜ事故を起こさずに車の運転ができるかというと、赤は止まれ、青は進め、曲がるときにはウィンカーを出す、といった道路交通法というルールがあるからです。それを守っていれば事故にはならないのです。

人と人の関係にも礼儀というルールがあります。自分を大切にしようと思ったら、まず他人を尊重するというのも大切なルールです。自分に注意をしてくれる人を仏様がかわりに教えてくださっているのだと思ってもいいでしょう。嫌な思いをすることも、つらい思いをすることもあるでしょう。しかし、それをすべていい思い出に変えていくためには、それなりのルールというものがあるのです。

人生とは常に挫折《ざせつ》と挑戦の繰り返しです。上手でも下手でも精一杯させていただくところに、必ず道は開けます。一番大切なのは、精一杯ということです。だらだらと生きても一日は一日、精一杯生きても一日は一日です。

毎朝、目を覚ますたびに、生まれ変わった気持ちで、熱い情熱を持ってスタートする。過去はどんなに振り返っても、取り返すことはできません。すべて忘れて、捨てて、また新たに情熱を持って精一杯生きさせていただく。そういう気持ちが道を開いていきます。この一瞬を永遠と思って、一期一会の出会いや仕事を大切に勤めていくことです。

人生とは常に挫折と挑戦の繰り返しです。上手でも下手でも精一杯させていただくというところに必ず道は開けます。

9

割り切って、忘れて、捨てて、許す

◉──心穏やかに生きていくには

人間関係は一つの行と考えていいでしょう。

人間関係の苦しみの真っ最中には大きな苦痛を伴いますが、心のすれ違いがなくなって、お互いがわかり合えると、嵐が過ぎ去った後のように心が穏やかになります。

そんな体験を、私もさせていただきました。いくら山で修行をして歩き回っても、山の中に答えが落ちているわけではありません。また、こういう修行は誰もができるわけではありません。

ですから私は、皆さんの代表選手として、人と人との心がすれ違うのはどうしてなのかと考えるためにそういう役目が与えられ、山に入ったように思います。

山の中に入れば、お天道様がさんさんと輝いていて、虫たち、鳥たち、きれいな草花、木といったものが渾然《こんぜん》一体となって生きています。そうした大自然の中から自分自身を省みて、感謝しながら、少しずつこの世の真理をうなずきとっていく。それが私に与えられた役目です。

人間には四種類の生き方しかないということを、お釈迦様が説いています。
一つ目は光から光の世界で生きていく人間、
二つ目は光から闇の世界へ生きていく人間、
三つ目は闇から闇の世界へ生きていく人間、
そして四つ目は闇を転じて光のある世界へ生きていく人間です。

闇というのは、私たち人間の心のあらゆるとらわれを指すわけですが、これには際限がありません。この闇の部分に気づかないまま、他人に対して「なぜ、どうして」とばかりとらわれていると、自分もいつか闇の世界に落ちてしまいます。

明るく穏やかな光ある世界へと導かれるためには、相手のマイナス的なところにとらわれず、割り切って、忘れて、捨てて、許すことが大切です。

二千五百年も前にお釈迦様が説かれた教えは、今の私たちにも共通します。ということは、人間がこの星に誕生してからずっと、心穏やかに生きていくためにはそれしか方法がないということなのでしょう。

◉──闇から光へ転じていく

私にも心の闇の部分がたくさんありました。修行中、川の流れを見ても、光を見ても、山の道を見ても、答えは書いてありませんでした。ただ、暑さや寒さの苦しみから、大自然の美しさやお天道様の温かな光のありがたさが理屈抜きでわかってきたとき、感謝で涙がこぼれました。体を動かしているうちに、少しずつわかってくるものがあります。

山の行を越えてしばらくしてから、心の闇の部分としか思えない存在を受け入れられないのは自分が悪かったからだ、自分の心が小さいからなんだと気づき、心の底から懺悔《ざんげ》し、涙しました。その瞬間に、くすぶっていた心が光あるほうへ導かれていくような衝撃的な体験をしました。

どうしても好きになれない嫌いな人がいたり、思いどおりにならない状況に不平不満をぶつけてしまう自分がいたとしても、そのどうにもならない状況の中から、一つひとつを自分の心に対して諭していくことが、人間として一番大切な修行だと思います。

山に入って特別な修行をした人でなければ悟れないということではありません。それぞれに与えられた人生があります。与えられた役割というものがあります。そうした与えられた環境の中で、心の闇としか思えない部分を光あるほうへと転じていく努力が大切なのです。そうすれば、いつか気づくことができます。

◉──心から光を放つ

お釈迦様は、人間には四種類の生き方しかないと申されましたが、私は、人間には二種類あると思っています。前にも述べたように、宇宙には自ら光を放つ星とその光に照らされる星の二つがあります。これは人間も同じです。お天道様のように人を元気にさせてあげたいと常に元気で明るい笑顔で人と接している人と、そういう人の優しさとか愛情がもっと欲しいと思っているだけの人がいます。

お天道様のような人は、どんな苦しみや悲しみがあっても我慢して、周りに明るさを振りまいている存在です。決して強いわけでもないし、人と違う力を持っているわけでもないのに、どんな状況にいても笑顔を絶やさない素晴らしい人です。

でも、そういう人でも、「もっと欲しい」という闇の心を持っている人をずっと照らし続けていると疲れてしまって、「なぜ、どうして」と悩んでしまうかもしれません。そう思うようになると、運とか縁が裏目に出ていくように思います。

ですから、どうしても自分の心が暗くなって考え込んでしまうという人は、心の中にお天道様をイメージしてください。闇の部分にとらわれず、心軽やかにありのままに生きていくことが穏やかに生きるヒントになると私は思います。

私も悩み迷っていた時代がありますが、大小さまざまな悟りの階段を一段ずつ上ってきた結果、お天道様のような心になれたように思います。そのときに初めて、心が穏やかになって、人生は楽しいという感動を得ることができました。涸《か》れることのない泉を得たような喜びを味わうことができました。

◉――自分が変わり、環境が変わる

誰でも努力していればその境地にたどり着くことができます。ただし、すぐに

うどんを茹でる

はできないかもしれません。でも、心の中にお天道様があるというイメージはすぐにでも持てるでしょう。まずはそこからスタートしてみてください。

当然、曇りの日もあれば、雨の日もあると思います。悲しいときには、夜、布団に入って涙を流せばいいでしょう。どうせ一生泣き続けることはできないのですから、泣きたいときには泣けばいいのです。でも、朝起きたら、笑顔で「今日も頑張るぞ、お天道様のような存在になろう」と思って一日をはじめれば、やがて周りが変わっていくと思います。

まず自分が変わることによって、環境が変わるのです。お月様のような人と前より楽につきあえるようになったとすれば、それは相手が変わったのではなくて、自分の心が変わっただけです。

心から光を放つような存在になると、あらゆるものにとらわれなくなります。このとらわれがなくなり、大自然の真理と一体となった心が備わったとき、とても楽な生き方ができるようになります。

お天道様のような存在も、お月様のような存在も、混然一体となっているのが私たちの社会です。縁があって生まれたこの星でどうせ生きていくのならば、笑顔を絶やさず、皆に喜びを分け与えていけるような存在になることが、一番上手な生き方ではないでしょうか。あるべきように生きるために、精進してまいりましょう。

泣きたいときには泣けばいいのです。でも、朝起きたら、笑顔で「今日も頑張るぞ、お天道様のような存在になろう」と思って一日をはじめれば、やがて周りが変わっていくと思います。

命を輝かす

慈眼寺・冬

10

神仏の喜ぶ生き方を求める

◉──思いやりや優しさをどう表現するか

どんな人の心の中にも、とても優しい思いやりの心があります。その気持ちを周りの人に素直に表現すれば、周りの人たちはとても喜んでくれて、また周りから慕《した》われ、皆が幸せになります。自分も他人も、どちらも幸せに暮らすことができるわけです。

ところが、人間というのは、相手のちょっとした動作や仕草にイライラしてしまうときがあります。

一瞬でも相手の悪い部分を見てしまうと、今まで優しい目で見てきても、一転して過去を含めてすべてが悪く見えてしまったりします。そこで喧嘩《けんか》になってしまうこともあるでしょう。そういう失敗は、人間であれば誰でも経験していることと思います。

今、家庭や社会が失われた絆《きずな》を探し求める時代になっています。とくに大震災以降、「絆」がほうぼうで語られました。この「絆」とは、一体どういうものでしょうか。

私の言葉でいえば、思いやりの心や優しい言葉を相手にどのように表現するか、ということ。誰しも根っこの部分には優しい心があるのですが、この人には表現できるけれど、この人にはできないと思ってしまう。誰にも分け隔てなく優しさを表現できれば、自分も楽に生きていけますし、皆幸せになれるとわかっていても、それがなかなか実行できないのです。

だから、いろいろな方が私にこう聞いてきます。

「頭ではわかるのですが、実際にどうしたらいいのでしょうか？」

答えはすでに出ているのに、最後に「何か質問のある人？」というと手を挙げて、「どうやったらいいかわからないんです」というわけです。

なぜわからないのでしょうか？

◉──人との絆を結ぶ三つの実践

日本人である私たちのほとんどは一日三度のご飯が食べられて、屋根のある場所で寝ることができます。人間生活の最低限の部分は満たされています。ところが、そうなると、人間の心は自己中心的になってきて、ままならないことをどうにかしたいという、贅沢《ぜいたく》な心が芽生えてきます。お坊さんというのは、そういう気持ちが起きないように、あえて厳しい環境の中に身を置いて修行をするわけです。

そういう世界で生きてきた私から三つのアドバイスがあります。いつも申しているのですが、とても大事なことです。

一つ目は、呼吸をし、この世に生かされていることだけでありがたいと「感謝」する心を持つこと。

二つ目は、自分の悪いところを見つけて、心の底から「反省」をして、さらに一段上の自分に生まれ変わろうとすること。

三つ目は、好き嫌い、尊敬できるかできないかにかかわらず、どんな人にでも「敬意」を払うこと。


たった三つのことですが、これを朝起きてから夜寝るまで完璧《かんぺき》にこなしたならば大変なものです。

それほど難しいことですが、根気よく実践していくと、もう一人の自分と出会い、自分の弱点を克服できるようになります。

誰にでも分け隔てなく平等に笑顔を見せているうちに、今まで嫌だった人から笑顔が戻ってくることもあるでしょう。そういうことによって、人と人との輪がつながっていくのだと思います。この三つの礼儀を無視していては、絆は決して結ばれません。

◉――最後まで続けなければ意味がない

この三つをよく実践していくために大切なのは、毎日同じことを同じように繰り返していくことです。お坊さんの修行ならば、師匠から「ここに真っ直ぐに花を生けるように」といわれたら、三百六十五日真っ直ぐに生け続けなければなりません。この同じことを同じように繰り返していく中に、見えてくるものがあります。

今の例でいうと、三百六十五日の三百六十四日目にほんの少し曲がって花を生けてしまったならば、今まで積んできた功徳《くどく》が水の泡になってしまいます。

皆さんも同じことです。自分の嫌いな人に三百六十五日笑顔を届けようと思って続けてきたのに、最後の一日で冷たい言葉をかけて相手に嫌な思いをさせてしまったら、それまでの三百六十四日が水の泡になってしまうのです。

真っ直ぐに立てられないのは、自分の心が曲がっているからです。真っ直ぐに立てようと思えば、目印が何もなくても、「ここだ」という場所にきちっと花を置くことができます。真っ直ぐに立てようと思う強い意志があるからできるのです。

修行の世界では、万が一、花が少しでもずれていたりすると、必ず誰かに叱られます。しかし、この叱られたときこそ、自分が成長できるチャンスです。

人間ですから、完璧に生きられる人はいません。また完璧に近づけようと形で歯を食いしばって頑張っても失敗することはあります。万が一、失敗したらどうすればいいのか。そのときは、全身全霊をかけて心から「申し訳ない」と思う素直で謙虚な心を表わすのです。その心があれば、また真っ直ぐに立て続けることができるようになります。

そのときに「こんなのどうでもいいじゃないか」という態度で終わらせてしまったならば、一段上に行きたくても行けません。同じことを同じようにできない人、そして、何かあったときによく反省しない人は、知識として真理を知っていても、心の中の悟りはあり得ません。知識はあくまでも知識。それを実践することによって初めて、完成した魅力ある人になってくるのです。頭でわかっても実践しようとしない人は、何年何十年経っても真理を会得《えとく》することはできません。

◉——「人のため」が「自分のため」になる

生まれて初めて自転車に乗れたときのことを思い出してください。何度も転んで膝《ひざ》をすりむいて、怪我をして血を流しても練習を続けるうちに、ある日突然、ふっと自転車に乗れるようになります。その感覚を覚えたならば、一生涯忘れる

雪かきは冬の大切な仕事

ことはありません。
しかし、そのときの感覚を言葉や文字で誰かに伝えてくださいといわれたら、伝えられるでしょうか。感覚というものは、言葉や文字では表現できないものです。それはその人の人生の経験においてしか理解できないからです。自らが人生の中で積んだいろいろな経験が自分自身の尺《しゃく》の長さとなります。人は誰でも、その尺の長さの中でしか物事を理解することができないのです。
だからこそ実践をして、自分で経

験を積むことが大事です。そうすることで初めて、他人に優しい言葉をかけるのも、笑顔をお届けするのも、誰のためでもない、自分自身のためであるとわかるのです。

「正直者はバカを見る」とか「正直者は損をする」といいますが、そんなことは決して ありません。実践を続けていくと、人が見ていても見ていなくても、いつも心の中におられる神仏が見ていると思うような生き方ができるようになります。「こんなことをしたら神仏に笑われるな、神仏を悲しませてしまうな」と思い、真面目に真っ直ぐに生きて行こうと誓ったならば、歯を食いしばり岩にしがみついてでも、その生き方を成就《じょうじゅ》してほしいのです。それこそ神仏が喜んでくださる生き方です。そういう生き方をぜひ追求していただきたいと思います。

「正直者はバカを見る」とか「正直者は損をする」といいますが、そんなことは決してありません。実践を続けていくと、人が見ていても見ていなくても、いつも心の中におられる神仏が見ていると思うような生き方ができるようになります。

11　この世に生まれてきた理由

◉——迷うとはどういうことか

十九歳のときに、修行道場に入りました。初めの一、二年は右も左もわからず、がむしゃらのうちに過ぎていきました。しかし、三年、四年と経っていくと慣れてきて、増上慢《ぞうじょうまん》になる時期を迎えます。そこで頭を打たれて、これではいけないと奮起して、強い自我と向き合い、芯《しん》の強さに変えることができるかどうかがターニングポイントになります。

穏やかな自分と、自我を押し通したい自分。この二つの相反する心を対峙《たいじ》させて自己を客観的に見つめ、己に打ち克ち、本来の自分自身と一体化することが修行の目的になります。客観的に見られないと、さまざまな迷いが生じてきます。

師匠のいうことをよく聞き、お寺の規律に従い生活していると、やがて穏やかな気持ちに到達できるのですが、「なんで、どうして」と、あらゆるものにとらわれているもう一人の自分がいると、前に進めず、後ろに戻れず、という状態に陥ります。このどちらにも行けない状態を「迷う」といいます。その苦しみの海の中で本来の生きるべき道を悟るまで、私たちの人生の苦しみは続きます。そうした苦しみの中で、歯を食いしばって修行をしていくのです。

◉──自分のわがままに気づく

修行というのは、三百六十五日、朝起きてから夜寝るまで、休みなく同じことを繰り返します。年が巡《めぐ》り、後輩が入門してくると自分の昔を思い出します。その姿を見て、我の強い自分をあらためて反省します。しかし、変わろうとしても、なかなか変われない自分がいます。

私たちお坊さんは、人生の先生にならなければならない立場です。そのためには、捨て切る、忘れ切る、許し切ることが真理に向かって進む道であることをよく理解し、それを実践できなければなりません。修行道場で勉強させていただいて、人生とはこういうものだと悟ったら、また各地に散らばって、縁のあった人に真理の方向へ進むためのヒントを教えていく。そういう存在にならなければいけません。

三度三度のご飯に、おやつがあって、雨露《あめつゆ》をしのげる場所がある。そういう場所で生活をしていると、ついつい気まま、わがままが出てしまいます。だから、時折、質素で簡素な修行道場という厳しい環境にあえて身を置いてみるのです。自分の心を見つめ、何不自由のない生活を送っていては見えないものに気づく期間が必要になります。

たとえば、どんな理不尽で苦しく辛いことがあっても、決して人を恨んではいけない。それを頭ではわかっていても、心からその人を許し切ることができるかというと、なかなかうまくいきません。そこで「なんで、どうして」と思いが巡れば、どんどん心が闇の方向に行ってしまいます。そういうときに、禍《わざわい》を転じて福となす生き方ができるように心を鍛え、会得した感覚を体で覚えていくのが修行です。

◉――最後に一本残った我をへし折る

修行道場には仏様がいて、師匠がいます。そこで生活をさせていただく修行僧・雲水《うんすい》たちは、気まま、わがままなところが残っていて、まだ、悟り切っていない不完全な人たちの集まりです。そんな中で生活をしていると、当然ながら己の我が出てしまいます。少し言葉を荒げた言い合いをしてしまうこともあります。

しかし、道場では、たとえ喧嘩をしても世間のようにもめることはありません。一つのルールがあるからです。それは、自分の心の中に我が出ても、自己を主張したいと思っても、目上の人に対しては絶対にその感情を表してはいけないというルールです。

年長者あるいは自分よりも先に入った先輩には、どんな理不尽をいわれても「はい」と答えなければいけません。それも常に気持ちの良い「はい！」という返事でなくてはいけません。何があっても、決して面白くない感情を表情に表したり、態度に表したりすることができない決まりです。

ときには、師匠がわざと理不尽なことをいう場合があります。また、仏様がそういう環境をつくってくださる場合もあります。そうやって、自我をへし折ってくださるのです。

しかし、百ある自我のうち九十九は他人がへし折ってくれても、最後の一本は自分の手でへし折らなければなりません。しかし、この最後の一本がなかなか折れないのです。この我をとるのが修行です。

何とか悟りたいと強く思い、失敗を繰り返しながら何度も何度も自己調整を繰り返しているうちに、ある日、突然その自我がとれるときがきます。そうなると、たとえ自分にとって嫌だなと思うことも転じて福とすることができます。いつも明るい心で、楽しい心で生きていくことができるようになります。

◉──我の強さを芯の強さに変えていく

修行道場ではそんな修行が続けられているのですが、これは私たちがこの世に生まれて、あの世に帰るまでの間にやらなければならない一番の仕事ではないかと思います。縁のあった家庭で生まれ育ち、社会に出ていく。そして結婚して子供を授かる。私たちはこういう命のリレーをして生きています。

では、本質的に一番大切なことは何なのか。多種多様なすべての人たちに共通しているのは、「我をとりのぞき、平等な心ですべての人に接する」ことだと思います。そんな気持ちを体得するために、私たちはこの世に生まれてくるのではないでしょうか。そう考えると、一瞬もおろそかにできません。

若い頃はたいてい我が強いものです。私の師匠も、若くて元気のいい修行僧が入ってくると「若い頃は少々やんちゃでなければならない。多少我が強いぐらいのほうがいい。その我が強ければ強いほど、心が転じたときには修行に向かう力も強いものだ」といわれていました。

食べたいものを食べる、着たいものを着る、そういうものだけが欲ではありません。自分が成長しようとするのも、一つの欲です。すべて欲がなくなってしまったら、成長しよう、努力しようとする気持ちもなくなります。

物欲や食欲といった我欲ではなく、本質的に生きるための努力という欲を持ち、それを真理に向かう芯の強さにエネルギーを転換することが大切なのです。

これが、禍《わざわい》転じて福となすという生き方です。何があっても決して人を恨まず、憎まず、妬《ねた》まず、光ある世界に、常に明るいところで生きていく。我の強さを芯の強さに変えていくのです。

年を重ねるごとに、いろんな経験をします。その経験の中から少しずつ、少しずつ反省をして、人は丸くなっていきます。丸くなってくれば、光の方向へ転がっていきます。「私が」という角があるうちは、人生は好転していきません。運も縁も広がっていきません。自分の心が変わったとき、初めて周りの環境すべてが変わっていきます。それは、目に見える世界が変わるわけではありません。自分の心が変わるのです

坐禅《ざぜん》の「坐」という字は、土の上に人を二つ書きます。これは、天地に生かされている本来の自分と、気ままでわがままな自分をしっかり向かい合わせるという意味を持ちます。素直な心で他人の言葉に耳を傾け、善なる方向、光ある方向へと心を転じていけば、必ず穏やかな心にたどり着くことができます。

何があっても決して人を恨まず、憎まず、妬まず、光ある世界に、常に明るいところで生きていく。

12

円満に生きていく

◉――体験しなければわからないこと

自分の思い描く理想像があるとするなら、まずそこに向かって、一つひとつ実践することが大切です。実践しなければ、決して自分のものにはなりません。これは行の中から私が得た世界観です。

たとえば、自分が平らな丘にいるとします。その崖《がけ》っぷちまで行くと、崖の少し下に花が咲いていました。その花は、いくら高性能の望遠鏡を使っても崖にさえぎられて見ることができません。実際に、その崖の縁まで自分の足で歩いて行かなければ見ることができないのです。

このように、自ら体験しなければわからない、見えてこない世界があります。行の世界でたとえると、私が山道を歩いて感じた世界観と、別のもう一人が同じ道を歩いて感じる世界観は全く違います。物事の受け取り方、とらえ方が違うのです。

これは非常に面白いことです。一所懸命歩いても、手を抜いて歩いても、一日は一日。しかし、自分自身がせっかく尊い行を体験させていただいているのに、行じるときの気持ちが整っていないと正しい道理を掴めず、せっかくいただいたチャンスをものに出来ずもったいない結果になってしまいます。

修行は、首までしっかり浸り切って自分自身を見つめ直して成長につなげるものです。一つの物事をどのように生かすかは、その人の世界観の問題です。ですから、同じ修行を十人がしても、成長の段階は全く変わってきます。一般社会で仕事や学問に取り組む場合も同じでしょう。結果は取り組む人の心のあり方によって、結果は全く違うものになります。

私は二十代のときに千日回峰行という行をさせていただきました。私より前に一人の先輩がこの行をやっていますが、その方の世界観と私の世界観は全く違うはずです。また、後輩がこれから千日回峰行を行じたとしても、世界観は全く違うものになるでしょう。山は不動不変ですが、そこを歩く行者によって、行は全く別のものになります。

行者は生死の極限の世界を体験する機会を得ます。何のためにそういう体験をするのか、その真の意味は二十代の私には正直わかりませんでした。しかし、ただ前を向いて進むのみというこの世界の中で、やがて見えてくるものがあります。わからないなりにも自分自身を極限の際において挑戦し続けた結果が、今の心情につながってきました。

◉──死に直面する叔父にかけた言葉

行を終えてから十数年が経ちました。日々の生活をしている中で、私も一つ、さらに深い世界の中で見えてくるものがありました。

今年の四月一日に、叔父が癌《がん》宣告を受けました。余命十二か月と伝えられました。抗がん剤治療をして、胃を切除した結果の余命宣告でした。叔父は自分の予後をある程度覚悟しており、うろたえることもなく「そうですか」と受け入れました。本当ならば何もしないで静かに臨終を迎えたいといってましたが、叔父はすでに通院していたこともあり、現代の医療に従って治療することになりました。四月九日の入院と同時に原因不明の高熱が出ました。日に日に弱っていく叔父を見て、自分が四無行（九日間、断食、断水、不眠、不臥を続ける）をさせていただいたときの健康状態、精神状態に近いことに気づき、叔父の立場になって心から寄り添うことができました。

私は叔父の余命が少ないことも知っていました。しかし、叔父はもう一年は生きるという強い意志を持っていました。その気持ちだけは萎《な》えさせたくないなと思い、毅然《きぜん》として、かつ淡々と叔父に寄り添っていました。

叔父は日に日に体力を消耗して死に近づいていていました。そのときに、行の意味がわかったような気がしました。自分自身、行を通じて叔父と同じような状態を経験していたために、的確な判断やアドバイスができたのです。同じ体験をしていたからこそ、「今、こういう感じだよね」と声をかけることができました。

やがて叔父も自分の命が残り少ないと気づき、初めて気弱な言葉を口にしました。そのとき私は「叔父さん、しょうがないよ。これも運命だ」と、はっきりいいました。

「諦めるとは明らかに見極めるということだよ。人生は岐路《きろ》に立たされたとき、右か左しかない。右しかないときは右の道を行けばいいんだよ」

私がそう諭すと、叔父は「なるほど、よくわかった。明らかに見極めるということか」と、天井を見てため息をつきました。

自分の運命を受け入れた叔父は、そこから病と闘い、最後の一息まで前向きに生き切りました。その姿は私たち遺族にとっての宝物です。叔父は日に日に弱っていくにもかかわらず、「どうもすみません」「ありがとうございます」を繰り返していました。不平不満は一つもいいませんでした。その姿も遺族がいただいた宝物です。

●――その日のことはその日のうちに

岐路に立たされたとき、人間は辛抱が肝心《かんじん》です。辛抱が足りない人間は何に対しても中途半端な生き方しかできません。石の上にも三年といいますが、一度石にしがみついたら意地でも食らいついて離さないぐらいの心構えがなければなりません。

たとえば、正座をしなさいといわれたら、何時間でも座る。足がしびれてちぎれそうになっても、正座し続けるところに意義があります。その精神力が万事に通じていくのです。

自分の人生は自分の心で変えていくしかありません。自分の心も自分の心でコントロールしていくしかありません。そのためには、常に感謝の気持ちを持つことです。自分の心地よいときだけ感謝するのではなく、崖っぷちに立たされたときこそ心から感謝の気持ちが湧き出る人が本物です。

普通の生活をしていると、自分自身を極限の世界に追い込むことはあまりないでしょう。しかし、考え方、とらえ方を変えれば、朝起きてから夜寝る前までの間にしなければならない仕事がたくさん見つかります。

一日の中で自分がやらなければならない勤めは決まっています。やってはいけないことをやることは、やらなければならない勤めを疎《おろそ》かにすることです。今日やらなければならないことは今日中にやり切るというのが基本中の基本であり、同じことを同じように完璧に行うのが当たり前なのです。

自分のことだけでも大変なことではありますが、さらに加えて、今日出会った人を喜ばせ、優しさを与えることまでやってみるのも大事です。自分がやらなければならないことに、一つでも二つでもプラスしていく。これは自分を極限に追い込むことです。これこそ真の人間修行です。これを毎日心がけるだけでも日々の生活が極限の自己鍛錬になります。

◉――「一に勤行、二に掃除、三に追従、四に阿呆」

私の師匠が大切にしていた言葉があります。

「一に勤行、
二に掃除、
三に追従《ついしょう》、
四に阿呆《あほう》」

という言葉です。一と二はお坊さんの作務《さむ》として基本中の基本、当たり前の勤めです。三の追従というのは、人が喜ぶことをすること。相手の欠点を批判するのは簡単ですが、喜ぶようなことをするのは大変です。

そして、四の阿呆は素直になり切るということ。たとえば「おまえは阿呆だね」といわれたら、にこにこして「はい、阿呆です」といえるぐらい、自分を常に謙虚に置く。そういう人は、阿呆になり切ることができます。しかし、中途半端な人に「阿呆」というと「阿呆とは何事だ」と怒り出してしまいます。

三、四となるにつれて難しくなっていきますが、人が喜ぶようなことをして、自分が謙虚になり切ることはお坊さんの基本です。

この言葉が道場に入ると額に飾ってありました。それを毎日読んで、どういう意味かなと、深い世界の中で日々自分を深めていくわけです。日々精進し、挑戦する先に、それらが自然と身についた自分が見つかります。

自分がやらなければならないことにプラスアルファして人を喜ばせることを考

掘り起こしたニンジンを洗う

えると、今日よりも明日、明日より明後日と日を追うごとに、人格は高まっていきます。基本は同じことを同じように繰り返すこと。情熱を忘れずに、日々蓄積していくことです。

そして、その日出会った一人ひとりを喜ばせて、思いやる一日を送る。それが人生円満、家庭円満、世界円満の基本です。自分自身の日常を見直すことは、すべての円満につながっていくことです。

自分の人生は自分の心で変えていくしかありません。自分の心も自分の心でコントロールしていくしかありません。そのためには、常に感謝の気持ちを持つことです。自分の心地よいときだけ感謝するのではなく、崖っぷちに立たされたときこそ心から感謝の気持ちが湧き出る人が本物です。

著者略歴

塩沼亮潤（しおぬま・りょうじゅん）

昭和43年仙台市生まれ。61年東北高校卒業。62年吉野山金峯山寺で出家得度。平成3年大峯百日回峰行満行。11年吉野・金峯山寺1300年の歴史で2人目となる大峯千日回峰行満行を果たす。12年四無行満行。18年八千枚大護摩供満行。令和3年「塩沼亮潤大阿闍梨基金」創設。現在、仙台市秋保・慈眼寺住職。大峯千日回峰行大行満大阿闍梨。著書に『人生生涯小僧のこころ』『人生の歩き方』（ともに致知出版社）『〈修験〉のこころ』（共著・春秋社）『心を込めて生きる』（PHP研究所）『幸いをいただきまして』（幻冬舎）『寄りそう心』（プレスアート）などがある。

毎日が小さな修行

平成二十五年十一月二十五日第一刷発行
令和 四 年十二月 十五 日第三刷発行

著 者 塩沼亮潤
発行者 藤尾秀昭
発行所 致知出版社
〒150-0001 東京都渋谷区神宮前四の二十四の九
TEL（〇三）三七九六—二一一一
印刷・製本 中央精版印刷

ISBN978-4-8009-1020-2 C0095

ホームページ https://www.chichi.co.jp
Eメール books@chichi.co.jp